Günther Dichatschek
Helmut Leitner

Christsein in der Moderne 4 Friedenslernen

Günther Dichatschek
Helmut Leitner

Christsein in der Moderne 4
Friedenslernen

Soziokulturelle Aspekte im Kontext kulturell - religiöser Kompetenz

Fromm Verlag

Imprint

Any brand names and product names mentioned in this book are subject to trademark, brand or patent protection and are trademarks or registered trademarks of their respective holders. The use of brand names, product names, common names, trade names, product descriptions etc. even without a particular marking in this work is in no way to be construed to mean that such names may be regarded as unrestricted in respect of trademark and brand protection legislation and could thus be used by anyone.

Cover image: www.ingimage.com

Publisher:
Fromm Verlag
is a trademark of
Dodo Books Indian Ocean Ltd. and OmniScriptum S.R.L publishing group

120 High Road, East Finchley, London, N2 9ED, United Kingdom
Str. Armeneasca 28/1, office 1, Chisinau MD-2012, Republic of Moldova, Europe
Printed at: see last page
ISBN: 978-613-8-37985-0

Christsein in der Moderne 4

Friedenslernen

Soziokulturelle Aspekte im Kontext kulturell - religiöser Kompetenz

Günther Dichatschek

Inhaltsverzeichnis

Vorbemerkung

Der vorliegende Beitrag als Schlussarbeit des Fernlernganges 2019/2020 "Nachhaltige Entwicklung" des Comenius -Instituts Münster der Evangelischen Arbeitsstelle Fernstudium - mit Ergänzungen - setzt sich mit dem Bildungsansatz Bildung für Nachhaltige Entwicklung (BNE) auseinander.

Es handelt sich um ein Lern- und Handlungsfeld, das 1992 in der Folge der Rio - Konferenz entstand. Die UN -Mitgliedsstaaten bekannten sich zum Leitbild einer Nachhaltigen Entwicklung in ihren Bildungssystemen. in der Folge wurde 2005-2014 die "Weltdekade Bildung für Nachhaltige Entwicklung " ausgerufen.

Der Beitrag bezieht sich auf den Teilbereich Friedenslernen bzw. Friedenserziehung und Friedensforschung.

Dem Autor liegt dieser Schwerpunkt im Kontext einer Politischen Bildung und Demokratieerziehung durch seine Aktivitäten in der universitären Lehrer(innen)Bildung und Politischen Erwachsenenbildung besonders (vgl. HUFER 2016).

Der Wandel hin zu einer nachhaltigen Welt erfordert ein Umdenken, etwa in der politischen Verantwortung, benötigt werden globale politische Vereinbarungen über eine gerechtere Nutzung der Lebensgrundlagen und notwendige Möglichkeiten von Lebenschancen. Veränderungen beginnen schon im Kleinen, im Alltag und einem Umdenken (vgl. MEISCH 2014; KÖRTNER 2019, 185-209).

Damit erhalten die Bildungsbereiche pädagogische Aufgabenstellungen für ein Erlernen eines Umdenken, ebenso ihre Ausbildungsbereiche und Fortbildungs- und Weiterbildungsinstitutionen.

Die folgenden Lernformen ergeben sich:

- problembasiertes Lernen,

- Lernen in Fachdisziplinen,

- interdisziplinäres Lernen,

- kritisches Lernen und

- system-basiertes Lernen.

Einleitung

Friedenslernen in seiner pädagogischen Einschätzung geht von gesellschaftspolitischen Rahmenbedingungen aus, in denen Heranwachsende und Erwachsene aufwachsen und leben.

Stephan GILL war in seiner Analyse von GRIMSCI noch von der Wirtschaftskrise der dreißiger Jahre, dem Zusammenbruch der liberalen Demokratie, dem Aufstieg des Faschismus und dem sowjet - kommunistischen System beeinflusst. Aktuell ist der neoliberale Kapitalismus mächtig und vorherrschend. Von Interesse ist das Fehlen bzw. eine mangelhafte Organisationskraft alternativer Programme von linksgerichteten politischen Strömungen (vgl. GILL 2011, 265).

Gill beschreibt die weltpolitische Lage in ihrer derzeitigen Art und Weise beispielhaft mit der Ausbeutung von Menschen und der Natur, massiven globalen Problemen wie ein rapides Bevölkerungswachstum, die Zerstörung der Biosphäre, dem Klimawandel, hochentwickelten Produktions- und Zerstörungskräften, der Militarisierung des Weltalls, der Blockadepolitik in den Klimaverhandlungen, der Konzerndominanz, der Welternährungskrise und der Privatisierung öffentlicher Güter/Wasser, Boden, natürliche Ressourcen (vgl. GILL 2011, 267).

Wesentlich erscheint bei dieser Analyse die Dominanz ökonomischen Denkens auf das soziopolitische Leben zu sein.

Gefordert ist der Kontext zu Ursprüngen ethisch - moralischer und friedenspädagogischer Lehr- und Lernerfordernisse.

Ausgangspunkt der folgenden Überlegungen sind die

- die Absolvierung des Lehrganges Ökumene/ Kardinal König - Akademie Wien (2006),
- Absolvierung der Universitätslehrgänge Politische Bildung/ Universität Salzburg - Klagenfurt (2008) und Interkulturelle Kompetenz/ Universität Salzburg (2012),
- inhaltliche Auseinandersetzung mit den Fachbereichen Ethik, Friedensforschung, Politische Bildung und Interkulturelle Kompetenz,

die daraus folgenden IT - Autorenbeiträge, ökosoziale Erziehung (vgl. WAGERER 1992) und Musterforschung (vgl. LEITNER 2016) sowie

* Auseinandersetzung mit der Fachliteratur.

1 Friedenspädagogik - Kultur des Friedens

Die beschriebenen Entwicklungen sind Ausgangspunkt von verbesserungswürdigen Perspektiven für eine Friedenspolitik.

Zudem stellt sich die Forderung nach einer einhergehenden Friedenserziehung in Verbindung mit Friedenslernen und einer entsprechenden Politischen Bildung - Ethik, die Wissen und Kompetenzen für die Umsetzung vermittelt (vgl. GRASSE -GRUBER - GUGEL 2008, WULF 2008, WINTERSTEINER 2005/2008/2011).

1 Europäische und internationale Organisationen vermitteln diese Bildungsziele in Programmen und Dekaden für Projekte.

2 Die UNESCO vermittelt eine Kultur des Friedens und der "Global Citizenship Education" (vgl. als Basis WINTERSTEINER/ GROBBAUER/ DIENDORFER/ REITMAIR - JUAREZ 2014). Der Europarat setzt sich vehement seit seiner Gründung für Menschenrechte und Frieden unter Beteiligung der jungen Gesellschaft ein.

3 In der UN - Kinderrechtskonvention ist der Schutz der Kinder, die Beachtung ihrer Meinungen und der Beteiligung in der Gesellschaft festgeschrieben.

4 Im ökumenischen Bereich setzt der Weltkirchenrat Initiativen zur Förderung friedenspolitischer und religiöser Impulse, beispielhaft 2019 in Palästina und Israel.

Aus diesen vier Programmen ergibt sich die Forderung nach einer zeitgemäßen Friedenserziehung und damit einer Friedenskultur. Dies allein wird in einer Welt mit organisierter Friedenslosigkeit wenig nützen.

Zu beachten sind daher Bedingungen der Sozialisation, inter- und transkulturelle Bedingungen, der Bildung und des alltäglichen Umgangs mit sozialer Gerechtigkeit (vgl. GRUBER 2016, 58-59).

Friedenserziehung bzw. Friedenslernen ist Lehren und Lernen zu Demokratie und Menschenrechten, demnach gegen Menschenfeindlichkeit, Obrigkeitshörigkeit und Machtmissbrauch.

Ethisch-moralische Aspekte gehören in sensible Erziehungs- und Lernprozesse, die gesamtgesellschaftlichen Charakter haben.

Im internationalen Kontext erhält das Friedenslernen eine größere Bedeutung. Dies zeigt sich in friedenspädagogischen Interventionen in Nachkriegsregionen in Form eines Rückgangs von Gewalt (vgl. GRASSE - GRUBER - GUGEL 2008). Damit ergibt sich die Verbindung von Friedenspädagogik und Friedensforschung.

2 Friedenstheologische Aspekte

Für einen Nicht - Theologen sind die Beiträge im Friedenstheologischen Lesebuch des Präsidiums der Synode der Evangelischen Kirche in Deutschland, hrsg. durch das Kirchenamt der EKD (2019), eine Fundgrube für religionspädagogische Überlegungen und Ergänzungen einer Politischen Bildung und im interkulturellen Kompetenzbereich im kulturell - religiösen Themenfeld.

Von Interesse für den Autor ist die biblische Grundlegung für Friede für den Menschen (vgl. DIETRICH 2019, 43-52).

1 Für den Menschen der biblischen Zeit und wohl aller Zeiten ist Friede ein ersehntes Gut.

2 Das ökonomisch schwache Land Israel war zumeist ein Spielball im Kampf der Großmächte. Das frühe Christentum war kein nennenswerter Machtfaktor.

3 Der nächstliegende Weg für eine Sicherung des Friedens war der militärische Weg. Religiös militärischen Stolz zeigen die Ps 44,6 und 60,14.

4 Hosea warnt vor militärischer Friedenssicherung (Hos 10, 13).

5 In der jungen Christenheit gab es unter Kaiser Konstantin christliche Armeen, viele Kriege, etwa mit den mittelalterlichen Kreuzzügen und in der Folge bis in den Ersten Weltkrieg mit "Gott, Kaiser und das Vaterland".

6 Daneben spielt der politische Weg eine Rolle, etwa unter König Salomon (1 Kön 5.5, Ps 72, 8,11).

7 Der religiöse Weg, im Vertrauen auf Ihwh, man denke an die Errettung am Schilfmeer (Ex. 15,21). Die Zionslieder des Psalters sind bekannt (Ps. 76, 2-4).

8 Die biblische Antwort auf eine Verneinung von Macht für einen wahren Frieden lautet auf Gerechtigkeit, im Ps 72, 3 Psalm, in der Verheißung "Schwerter zu Pflugscharen". In Jes 32,17 liest man eine weitere messianische Weissagung. Wohl besonders schön ist die Formulierung im 85. Psalm.

3 Aspekte einer Friedensethik

Die gegenwärtige Rückkehr zu geographischen Kategorien in der internationalen Politik und damit Schwächung internationaler Organisationen erfordert neue Perspektiven der Friedensethik,

mit staatlichen Aufgaben, Sicherheit zu garantieren, einem Minimieren von Gewalt,

insbesondere im Bildungsbereich Orientierung für politisches Handeln in komplexen Kontexten zu ermöglichen.

Die folgenden Aspekte bedürfen in einem Zeitalter der Unsicherheit einen neuen friedensethischen Kontext, beispielhaft Aspekte militärpolitischer Veränderungen,

Stärkung des Multilaterismus, gewaltfreie Konfliktbearbeitungen,

Selbst-und Bündnisverteidigung sowie Bündnissolidarität.

Zur Diskussion stehen Präventionsmaßnahmen, zivile Konfliktbearbeitung und militärische Rüstung.

4 Friedensforschung

Friedenslernen benötigt einen umfassenden Friedensbegriff. Bei der Bedeutung von Zielen der Friedens- und Konfliktforschung bedarf es nach dem heutigen Stand neben einer Forschung für den Frieden ergänzend auch einer Forschung über den Frieden (vgl. GRUBER 2016, 60-63).

4.1 Inhalte und Rolle

Friedenspädagogik wird im deutschsprachigen Raum zumeist als Theorie der Friedenserziehung verstanden.

Der Friedenserziehung wird das Praxisfeld zugeordnet. Mitunter wird auch Friedenserziehung als Obergriff von Theorie und Praxis bezeichnet.

Im angelsächsischen Raum wird die Theorie und Praxis der Friedenserziehung allgemein unter den Begriff "peace education" geführt.

In jüngster Zeit gibt es weitere Begriffe in der Debatte, um einer sich wandelnden Gesellschaft gerecht zu werden. Dabei werden die Begriffe Friedensbildung und Friedenslernen verwendet.

Friedensbildung wird aktuell in Deutschland im kirchlichen Bereich verwendet (vgl. DOSCH 2014).

Friedenslernen ("learning peace") als Begriff findet international den Anschluss an peace building-Aktivitäten als Friedenskonsolidierung nach Kampfhandlungen. Damit bezieht man sich auf die Bewältigung der Konsequenzen von Kriegen und Konfliktursachen (vgl. SCHNECKENER 2005, 18-20).

Die Ausweitung des Begriffs als Paradigma einer "Kultur des Friedens" erscheint sinnvoll.

4.2 Annahmen

Friedenslernen beruht auf zwei Annahmen.

- Die Konzeption geht von der Beeinflussung (Erziehung) von Verhalten, Einstellungen und Meinungen durch Bildungs- bzw. Lernprozesse aus.

- Lernprozesse beeinflussen Demokratieentwicklung, Abbau von Feindbildern - Vorurteilen - Stereotypen, Ablehnung von Gewalt, Gleichberechtigung und Konfliktlösungskonzepten.

4.3 Fach- und Handlungskompetenz

Als Fachbereiche gelten

- Politische Bildung/ Demokratiepädagogik - Menschenrechtsbildung,

- Interkulturelle Kompetenz/ Globales Lernen und

- Ethik (vgl. GRUBER - GAMAUF -DORFSTÄTTER 2014, 8-10; GRUBER 2016, 63; DICHATSCHEK > http://www.netzwerkgegengewalt.org > Index: Ethik).

5 Problemfelder

Im Folgenden werden die relevanten Problemfelder einer Friedensforschung, der notwendigen Friedenspädagogik und in der Folge eines Friedenslernens benannt (vgl. ausführlich GRUBER 2016, 66-69; GRUBER - GAMAUF - DORFSTÄTTER 2014, 102-108; FRIETERS - REERMANN/ LANG - WOJTASIK 2015, 209-225).

- Demokratisierung der Bildungsinstitutionen - soziale Herkunft - didaktische Umsetzung/ kultur- und konfliktsensible Bildung- Lernorte: Schule - Erwachsenenbildung (vgl. DICHATSCHEK 2017abc).

- Theoretische Basis - Komplexität des Fachbereichs - interdisziplinäre Zusammenarbeit

- Lernarrangements für Friedenslernen im internationalen Kontext - Lernmodelle (vgl. JÄGER 2014, 6).

5.1 Neorientierung - Interdisziplinarität

Als Beitrag zum Diskurs bedarf es einer Analyse der ambivalenten Beziehungen der Friedensforschung zur politischen Macht.

Die folgenden Daten in den zitierten Berichten beschäftigen sich mit den Krisenregionen und sprechen eine deutliche Sprache (vgl. den Bericht 2015 des Global Peace Index und im Civility Report 2015; bundesdeutsches Gutachten; WINTERSTEINER - WOLF 2016, 17-19).

1 Zu erwähnen ist das Jahr 2014 als besonders konfliktreiches. Zu diesem Eindruck tragen die geographische Nähe des Konflikts in der Ukraine und die Grausamkeiten des IS im Irak und in Syrien und das Anwachsen des Terrorismus bei.

2 Das Anwachsen von Friedensbemühungen zeigt sich in den Begrifflichkeiten wie "Peacebuilding" und "Humanitarian Intervention".

3 Dahinter steht das Paradigma Sicherheitslogik. Gesetzt wird realistisch auf militärische Mittel, also in der Logik in Verbindung mit Gewalt.

4 Friedensforschung, Friedenslernen im Kontext mit Politischer Bildung entstanden lange nach 1945, verortet relativ spät im Kontext mit der Gründung der Institute von Zeitgeschichte, Politikwissenschaft und dem wissenschaftlichen Beitrag zur Gesellschaftsveränderung.

5 Friedensforschung beinhaltet eine Auseinandersetzung mit relevanten Theorieangeboten, besonders mit dem Postkolonialismus, Sozialtheorien und dem Feminismus.

Die Formen der Kriege haben sich stark gewandelt. Ein Nicht - Frieden, theoretisch schwer zu erfassen, scheint sich etabliert zu haben (vgl. MÜNKLER 2015).

5.2 Fünf Thesen für einen Diskurs

Im Folgenden werden fünf Thesen modifiziert als Fundamentum eines gesellschaftspolitischen Diskurses vorgestellt (vgl. WINTERSTEINER - WOLF 2016, 24-33).

These 1: Friedensaktivitäten sind nicht geeignet als ein Anhängels eines liberalen Friedens.

Ein liberaler Frieden ist das dominierende Konzept von Frieden in der westlichen Welt.

Er besteht in der Annahme, dass die demokratischen Strukturen gefördert und einer Marktökonomie die Basis einer friedlichen Gesellschaftsordnung bieten.

Er tritt in mehreren Varianten auf und geht bis zur "Humanitären Intervention" im Interesse demokratischer Friedenssicherung.

Damit fließen Elemente einer realistischen Sicherheitspolitik und menschenrechtlicher Einflussnahme zusammen. Das bedeutet eine Abkehr vom westfälischen Paradigma, indem eine Hauptbedrohung des Friedens von einem starken gegnerischen Staat angenommen wird.

Heute rückt die Bedrohung von schwachen und gescheiterten Staaten in den Vordergrund.

Staatlichkeit wird von bestimmten Voraussetzungen gesehen (vgl. das zivilisatorische Hexagon von SENGHAAS 1995 - Gewaltmonopol -

Rechtsstaatlichkeit - Demokratische Partizipation - Konstruktive Konfliktkultur - Soziale Gerechtigkeit -Interdependenzen und Affektkontrolle) gesehen.

Überlagert wird der Friedensbegriff von sicherheits- und entwicklungspolitischen Diskursen, die praktischen Folgerungen werden kritisiert wie die Negativbeispiele Irak, Afghanistan und Ukraine (vgl. BOHNACKER 2011, 46-77).

These 2: Friedensaktivität muss im Kontext postkolonialer Kritik stehen.

Die Forschung und ihre Aktivitäten tragen die Markierung ihrer Herkunft mit.

Eurozentrisches Denken, als Alternative versteht sich die Kritische Friedensforschung, inzwischen gibt es eine postkoloniale Kritik (vgl. EXO 2015, 281-304). Friedensforschung benötigt auch die Kenntnis von interkultureller Gerechtigkeit (vgl. SEN 2010).

In der Folge geht es um globales und transmodernes Denken (vgl. MORIN 2015).

Wesentlich ist die Überwindung der Dichotomie zwischen Kultur und Ökonomie durch die Aufgabe des Dogmas vom Primat des Ökonomischen. Dies bedeutet - auch für eine Politische Bildung - ökonomische, politische und kulturelle Prozesse zu beachten (vgl. WINTERSTEINER - WOLF 2016, 28).

These 3: Friedensaktivitäten benötigen einen interdisziplinären Ansatz

Diese Perspektive ergibt sich aus dem globalen Aspekt (vgl. den IT - Autorenbeitrag Globales Lernen).

Die Einbeziehung nicht -wissenschaftlicher Wissensformen, etwa der Kontext von Kunst, Wissenschaft und Spiritualität mit "indigenem" Wissen (vgl. EXO 2015).

Notwendig ist damit die Abkehr von der säkularen eurozentrierten Tradition und der klassischen Trennung von Kultur- und Sozialwissenschaften, Politikwissenschaften und Ökonomie. Demnach ist ein Paradigmenwechsel überfällig.

Verbindlich bleiben soziale, historische und raumzeitliche Bedingungen (vgl. GRAF 2014, 231-238). Hier erscheint die zunehmende Bedeutung der Kulturwissenschaften wesentlich zu werden.

These 4: Das Zeitalter der Globalisierung braucht komplexes globales Denken

Frieden muss/ kann nur weltinnenpolitisch realisiert werden.

Ein großer Globalentwurf wird kaum möglich sein, viele kleine Schritte sind dagegen realistisch.

Global Gouvernance ist kritisch zu begegnen, die impliziten Machtansprüche sind offenzulegen (vgl. BRAND- BRUNNENGRÄBER -SCHRADER - STOCK - WAHL 2000).

Ein Konzept der "global citizenship" kann helfen, bestehenden Globalkonzepten kritisch zu begegnen (vgl. damit die zunehmende Bedeutung von "global citizenship education"/ UNESCO; für Österreich WINTERSTEINER - WOLF 2016, 318-332).

Die Dialektik zwischen Lokalem, Nationalem und Globalem kann nur mit dem didaktischen Dreischritt Individuum-Gesellschaft - Einheit der Menschheit in den einzelnen Bildungsbereichen angesprochen werden.

These 5: Friedensmacht Europa

Die angeführten Schritte eignen sich auch für eine Bearbeitung im Kontext europäischer Fragen, die lokal - regional -global gedacht werden sollen/ müssen.

Das Projekt Friedensmacht Europa, nach 1945 konzipiert und realisiert, soll von der Friedensforschung auf den Widerspruch eines friedenspolitischen Anspruchs und der Realität von gesamteuropäischen und nationalstaatlicher Realität analysiert werden.

Es geht letztlich um eine nachhaltige Friedenspolitik in den geopolitischen Bedingungen.

Die Krise Europas besteht in den Konfliktlösungen an den Grenzen der Union, in der Notwendigkeit einer verstärkten Integration, im geringen Anspruch auf eine gemeinsame Außenpolitik im Kontext einer US -

Außenpolitik und Verzicht von Interventionen der Kolonialmächte Frankreich und Großbritannien.

Zur Diskussion steht die Friedensmacht, ausgezeichnet mit dem Friedensnobelpreis 2012.

Aufgaben ergeben sich in der Destabilisierung des Nahen Ostens und dem Ukraine - Konflikt, den damit verbundenen Fluchtbewegungen, einem Aufleben des Terrorismus und Uneinigkeit in der Union.

Eine selbstkritische Haltung zur Kolonialpolitik und Verteidigung demokratischer Werte ist geboten.

Die folgenden friedenspädagogischen Ansätze bilden die Ansätze des Autors für einen Fächerverbund von Politischer Bildung und Ethik im Lernfeld einer Schul- und Erwachsenenpädagogik (vgl. die verschiedenen Formen wie tertiäre und quartäre Erwachsenenpädagogik[hier besonders Politische Erwachsenenbildung]).

6 Gestaltungsethik - Musterforschung (Helmut Leitner)

6.1 Begrifflichkeit

Gestaltungsethik und Musterforschung sind Formulierungen einer wissenschaftlich - systemtheoretischen Bewegung, die auf das Lebenswerk des österreichisch - englisch - amerikanischen Architekten Christopher Alexander aufbaut und sich wesentlich synthetisch - integrativ versteht (vgl. LEITNER 2016).

Gestaltungsethik und Musterforschung sind in Domänen anwendbar, in denen Menschen im weitesten Sinne kreativ tätig sind, als Gestalter ethische Haltungen einnehmen können, alternative Gestaltungsmöglichkeiten vorfinden oder entwickeln – die sich theoriegemäß in Gestaltungsmustern darstellen und in Mustersprachen zusammenfassen lassen – und die zu Gestaltungsergebnissen führen, Werte verwirklichen und mit Verantwortung verbunden sind.

6.2 Mustertheorie - Frieden

Aus der Perspektive der Musterforschung erscheint Friede nicht als ein Zustand, schon gar nicht als die Abwesenheit von Konflikten und Krieg, sondern als eine zivilisatorische Architektur, eine aus vielen Elemente gebaute Struktur, die Stabilität und Resilienz haben kann, jedoch auch fragil und einsturzgefährdet sein kann.

Daraus kann man den Schluss ziehen, dass es einer laufenden Aufbau- und Erhaltungsarbeit bedarf, um Frieden zu schaffen und zu abzusichern, die von einem Spektrum von Rollen - Bildern und Berufsgruppen zu leisten sind, die man u.a. als Friedens - Arbeiter (peace worker), Friedens - Architekten (peace architects), Friedens - Erbauer (peace builder), Konflikt - Mediatoren (conflict mediators) beschreiben lassen.

Angesichts der Bedeutung des Friedens für die Menschen, die Menschheit, ist es aus Sicht der Musterforschung und Gestaltungsethik nur schwer verständlich, warum die menschlichen Gesellschaften – historisch gesehen und gegenwärtig – nicht mehr Energie aufwenden, um das Frieden als Phänomen zu verstehen und als Menschheitsprojekt zu realisieren.

Es wäre beispielsweise zu erwarten und zu fordern, dass jede Volluniversität über eine Institution der Friedens- und Konfliktforschung verfügen bzw. einen solchen aufbauen solle.

Sub - Domänen - Skizze zu „Muster des Friedens"		
Sub - Domäne	Mustersprachen (Beispiele für ca. 300)	Gestaltungsmuster (Beispiele für ca. 5000)
Muster des inneren Friedens	Muster der Selbsterkenntnis Muster der Selbstarbeit Muster der Meditation	"Niemand ist perfekt" "Das Lernen lernen" "Die Atemtechnik"
Muster des friedlichen Handelns	Muster der friedlichen Kommunikation Muster der Notfallhilfe Muster des Teilens	"Das Angebot" (statt Antimuster: "Der Befehl") "Erste Hilfe Leistung" "Die karitative Spende"
Muster des Friedens mit der Natur	Muster des Naturgenusses Muster einer Ökologischen Wirtschaft Muster des Artenschutzes	"Das Bergerlebnis" "Erneuerbare Energie" "Das Naturschutzgebiet"
Muster des Friedens in Beziehungen	Muster der Zusammenarbeit	"Das Versprechen" "Treue und Offenheit in Partnerschaft"

		"Das Vertrauen" "Die Augenhöhe"
Muster des Friedens in Familien	Muster der Selbstbestimmung in Familien.	"Die freie Partnerwahl" "Die freie Berufswahl" "Die freie Religionswahl"
Muster des Friedens in Gruppen	Muster der Gesprächskultur Muster der Musik Muster des Sports	"Jeder wird gehört" "Das gemeinsame Musizieren" "Magische Momente in Gemeinsamkeit"
Muster des Friedens in Gemeinschaften	Muster der Organisation	"Mitgestaltung durch Mitglieder" "Freiwilligkeit der Mitgliedschaft" "Eine kollegiale Atmosphäre"
Muster des Friedens in Gesellschaften	Muster der Existenzsicherung Muster der Gerechtigkeit	"Die allgemeine Krankenversicherung" "Chancengleichheit im Bildungssystem" "Das Soziale Netz" "Das Recht auf Integration" "Bedingungsloses Grundeinkommen" "Ethik des Tätigseins für die Allgemeinheit"
Muster des Friedens zwischen Staaten	Muster der Diplomatie Muster der wirtschaftlichen Zusammenarbeit	"Das Im - Gespräch - Bleiben" "Der Freie Warenverkehr"
Muster des Friedens zwischen Religionen	Muster der religiösen Toleranz Muster einer gemeinsamen Ethik	"Die gemischt - religiöse Ehe" "Die gemischt - religiöse Veranstaltung" "Du sollst nicht töten" "Alle Menschen sind Geschwister"
Muster des Friedens im Story - Telling	Muster des Märchens Muster des Friedenslieds Muster des Antikriegsfilms	"Das gute Herz obsiegt" "Ein starkes Wir - Gefühl" "Die Sinnlosigkeit des

		Kriegs"
Muster von Theorien des Friedens	Muster der Konflikttransformation Muster der Synergie	"Die Rolle des Mediators" "Gemeinsam sind wir stark" "Leben ist Vielfalt"
... (offene Liste) ...		

Friede ergibt sich logisch und zwangsläufig als Rückgrad der zivilisatorischen Entwicklung der Menschheit im größeren Rahmen der Evolution des Lebens bzw. der Natur.

6.3 Friedensunterricht

Angesichts der Reichhaltigkeit des sich ergebenden Themenspektrums drängt sich die Erkenntnis auf, dass der diskutierte Ethik - Unterricht an Schulen - der als eine Art säkularisierter Religionsunterricht auf einen pluralistischen Religions - Ethik - Unterricht zur wechselweisen Kenntnis und Toleranz limitiert ist – wohl besser durch einen Friedensunterricht zu ersetzen wäre (vgl. die Möglichkeiten einer standortgebundenen bzw. regionalgebundenen Schulentwicklung) .

6.4 Buchbesprechung

Helmut Leitner: Mustertheorie. Einführung und Perspektiven auf den den Spuren von Christopher Alexander, 2. ergänzte Auflage 2016, Graz, ISBN 978-3-9504247-0-6

Mit 154 Seiten erhebt das Buch den Anspruch, eine Einführung in handlicher Form anzubieten. Die Verallgemeinerung und Verdichtung der Mustertheorie sei gewagt. Es bestehe die Chance auf Klarheit und die Möglichkeit, mit einem kurze und übersichtlichen Text mehr Leser zu erreichen. Natürlich bestehe auch das Risiko einer unzulässigen Vereinfachung. Der vorliegende Text solle als Interpretation aufgefasst werden (S. 8). Dieser Intention kommt der Autor in seiner klaren und verständlichen Sprache - allein schon in der Einleitung - nach (S. 9-14).

Im Vorwort wird für den Leser einführend die Mustertheorie dargelegt (S. 6-8).

"Muster" steht für eine neue wissenschaftliche Denkweise, um die Welt besser zu verstehen und für eine neue Methode zur Gestaltung lebendiger Systeme. "Lebendig" meint eine graduelle Lebendigkeit. "Graduell" bedeutet diese Lebendigkeit allen Dingen in entsprechendem Ausmaß zuzuschreiben. Die "Mustertheorie" stellt ein umfassendes Konzept für alle Bereiche des Lebens dar. "Je nach Blickwinkel kann man auch die Begriffe Leittheorie, Denkweise, Methode oder Paradigma verwenden" (S. 6).

Entgegen den umfassenden Problemen des 21. Jahrhunderts in Politik, Wirtschaft, Ökologie und dem Sozialbereich bietet die Alexander'sche Denkweise Möglichkeiten zur Lösung dieser Probleme. Jedermann kann die Konzepte verstehen und als Mittel in seinen Interessenbereichen verwenden (vgl. Kapitel 6.2; vgl. dazu auch die Analytische Ethik von FRANKENA in seinem Anspruch der Allgemeinheit im IT - Autorenbeitrag Ethik > http://www.netzwerkgegengewalt.org > Index: Ethik).

Im Folgenden wird auf den Aufbau des Buches eingegangen, der didaktisch sehr strukturiert und verständlich konzipiert ist.

In der Einleitung werden Ausgangspunkte der Kritik angeführt (S. 9-12). Für den Leser kritisch zu betrachten ist die Aussage des Buchautors, "[...]Wissenschaft ist nach wie vor eine Disziplin, die den Menschen kaum Antworten auf ihre Lebensfragen gibt" (S. 11) (vgl. beispielhaft die Aussagen der Ethikdisziplinen; der Erkenntnisstand der Medizin, Pflegewissenschaft, Erziehungswissenschaft - Pädagogischen Psychologie, Religionspädagogik und Familienwissenschaft).

Das Ziel, eine Wissenschaft des Lebens zu entwerfen, wird mit der Problematik fehlender Werte, der Alexander'schen Analogie zwischen den gewachsenen Ordnungen, gemeinsamen Bedingungen, der Lebendigkeit, Qualität des Lebens und Problemlösungsmustern begründet (S. 12-14).

Als Ausgangspunkte der Mustertheorie gelten die Wirkung der physikalischen Strukturen der Welt als Rahmen für die Aktivitäten der Menschen, wobei die Architektur den Menschen stark beeinflusst.

Negativ wirkt Stress und der Verlust an Problemlösungskapazität bzw. der Verlust der Fähigkeit, angemessen zu handeln. Mit der Gestaltung einer lebensgerechten Umgebung wird ein Maximum an Lebensqualität und Freiheit ermöglicht (S. 15-16).

Kritisch wird das mechanistische Weltbild gesehen (S. 17-18).

Mit dem Verständnis von Leben meint Alexander gemischte Systeme mit verschiedensten Komponenten. Das ganzheitliche Konzept ergibt sich aus dem Verlangen, die Welt als System zu verstehen und ihre Ganzheit zu entwickeln und zu entfalten. Leben als allgemeines Phänomen hat typische Erscheinungsformen, angepasst an Situationen, individuell, mit Ecken und Kanten. Dies klingt einfach, ist aber nicht ohne weiteres zu etablieren (S. 19-22).

Alexander fordert passende Konzepte zur Beschreibung von Ordnungen in der Natur und wendet sich gegen eine Analyse. Man benötigt sprachliche Grundbegriffe, um über die Phänomene der Welt synthetisch sprechen zu können. Objekte einer Untersuchung sind etwa die Natur, die Kunst und Architektur. Gesucht ist ein Neudenken des Objektiven und Subjektiven, eine Verbindung von Intellekt und Gefühl (S. 22-24).

Im Kapitel "Die Mustertheorie" wird didaktisch durchdacht sich vom einfachen zum komplizierten und vom statischen zum dynamischen Konzept durchgearbeitet. Es geht um die Grundbegriffe "Zentrum und Ganzheit", "Eigenschaften des Lebens" und "Wahrnehmung", "Transformation und Prozesse" und schließlich "Muster und Mustersprache" (S. 25-82).

7 Ökosoziale Erziehung

Der Schutz von Natur und Lebensraum ergibt das Ziel der Berechtigung ökosozialer Erziehung als Fachbereich und pädagogischen Auftrag (vgl. WAGERER 1992, 83-99).

Interdisziplinär ergeben sich verschiedene Dimensionen als Bildungsauftrag, die das allgemeine Verständnis vertiefen sollen.

7.1 Begründung einer ökosozialen Erziehung

Tendenzen ergeben sich aus der Geistesgeschichte und anthropozentrischen Tendenzen.

Unter dem Blickwinkel von Philosophie, Naturwissenschaften, Friedensforschung und Anthropologie erweist sich die Umweltkrise als eine

Wertkrise. Anzustreben sei Humanität als allgemeiner Wert (vgl. BUBOLZ 1985, 38).

Geistesgeschichte

1 Im griechischen Denken am Beginn der jonischen Naturphilosophie tritt an die Stelle des Mythos der Logos, anstelle des Gefühls die Ratio und an die Stelle der Götterwelt die Gesetzmäßigkeiten der Ursachen. Zudem wird bei Cicero gesehen, dass alle Einrichtungen der Götter und Menschen zum Nutzen der Menschen ersonnen und ausgeführt werden (vgl. BUBOLZ 1985, 39).

2 Anthropozentrisches Denken erkennt man besonders deutlich im Marxismus. Hier ist der Mensch nicht das Kind der Natur, sondern sein Wesen ist das Ensemble der gesellschaftlichen Verhältnisse. Es geht um die Beherrschung der Natur durch den Menschen.

3 Neben Goethe ist Schopenhauer als Vertreter einer biozentrischen Denkweise zu nennen. Albert Schweitzers Ethik, zum Leben die gleiche Ehrfucht entgegenzubringen wie dem eigenen, ergibt eine ins Grenzenlose erweiterte Ehrfucht vor dem Leben.

4 Gesellschaftspolitische Perspektiven weisen auf den Diskussionsgegenstand der Umweltfragen hin.

5 Die Umweltproblematik der siebziger Jahre hat sich zu Umweltfragen mit politischer Relevanz entwickelt. Bürgerinitiativen, Dritte - Weltgruppen, Friedensbewegungen und Religionsgemeinschaften beschäftigen sich mit Umweltfragen.

6 Als Warnung vor Umweltkatastrophen machte 1963 Rachel Carson mit ihrem Buch "Der stumme Frühling" sich zum Feind der Industrie (vgl. CARSON 1963/2013).

7 Im europäisch - amerikanischen Kulturkreis mit seinem Pluralismus und kurzzeitigen Wahlzyklen herrscht Kurzlebigkeit und Hektik. Ölfelder - Brände, ökologische Desaster, lebensbedrohliche Ereignisse vs. verdrängte Ängste durch die Routine des Vergnügens, des passiven Konsums von Bildern in den täglichen Massenmedien sind Phänomene des ständigen Auswechselns von routinierten Aktivitäten in Beruf, Arbeitswelt und Alltag.

Wachstumsgesellschaft

Die Wachstumsdoktrin als Leitgedanke der Wachstumsgesellschaft durchdringt nicht allein wirtschaftspolitische, vielmehr auch gesellschaftspolitisches Denken. "Small ist beautiful" leistet einen Beitrag, in neuen (alten) Dimensionen zu denken.

1 Die Subjektivität im Weltbild Heranwachsender und Erwachsener weist auf eine Reflexion der Bildungsaufgaben hin.

2 Relativistische Strömungen haben das Vertrauen in ethische Werte, insbesondere bei Heranwachsenden, genommen. Zunehmend besteht die Gefahr eines Nihilismus. Ethik als Basis eines ausgeglichenen Lebens und einer Auseinandersetzung mit entstandenen Wertvorstellungen erhält eine vermehrte Bedeutung (vgl. den IT - Autorenbeitrag http://www.netzwerkgegengewalt.org > Index: Ethik).

3 Im Sinne der bisherigen Ausführungen sollte die ökosoziale Erziehung nicht als "Katastrophenpädagogik" verstanden werden. So wie man nicht Gesundheitserziehung ausschließlich unter dem Aspekt von Krankheit sehen kann, darf nicht der Eindruck entstehen, dass man sich um die Natur und den Lebensraum nur dann kümmert, wenn diese zerstört werden oder worden sind. Die Beschäftigung mit der intakten Natur und der damit verbundenen Faszination und Freude könnte mehr in den Vordergrund treten und zu einem ausgeglichenen Leben beitragen. Fördern, ermuntern und helfen sind zutiefst pädagogische Intentionen.

4 Der Beitrag der Erziehungswissenschaft als Bezugswissenschaft im Kontext mit Ethik sollte vermehrt beachtet werden.

5 Anthropologische Erklärungsmuster der Ökopädagogik helfen, die Lehrpraxis besser zu gestalten.

6 Methoden der Selbstfindung und Lebensgestaltung in einer friedvolleren Welt sollten aufgezeigt werden. Mit dem Begriff "Mündigkeit" wird Entschlussfähigkeit zu wirkungsvollem Handeln impliziert (vgl. die Intention "Mündigkeit" im Fachbereich Politische Bildung; im Fachbereich Ethik Kants Aufklärungsphilosophie, aus der selbstverschuldeten Unmündigkeit sich zu befreien).

7 Fehleinsichten und Fehlhandlungen sollten selbstkritisch als umweltproblematische Tatbestände reflektiert werden können. Handlungsalternativen und Problemlösungsstrategien können im Kontext eines aktuellen Wissensstandes aufgezeigt und/oder entwickelt werden (vgl. die Aufgaben eines Projektunterrichts bzw. eines Fächerverbundes).

8 Prinzipien und Leitbilder sollten als Hilfestellungen für konkretes menschliches Verhalten zum Ausdruck kommen.

9 Kants "Kategorischer Imperativ" kann hier so ausgelegt werden, dass man so handeln soll, dass die Evolution und ihre Reichtümer erhalten bleiben sollen und sich entfalten können. Der moralische Imperativ muss so offen und allgemein sein, dass sich spezifische Konsequenzen und Richtlinien für ein Handeln ergeben können.

7.2 Reflexion

Die Zielsetzungen lassen sich als Wertkrise, politisches Programm und gesellschaftliche Strömung rechtfertigen. Die ökologische Problematik wird vielerorts behandelt. Lösungskonzepte sind höchst unterschiedlich zu bewerten. Die pädagogische Herausforderung bleibt bestehen. Die einzelnen Bildungsbereiche sind gefordert.

Das Bild vieler resignativer Heranwachsender und Erwachsener verrät ihre Zukunftsangst und Zukunftsunlust, die mit der Umweltbedrohung - man denke an den Klimawandel - korreliert (vgl. WAGERER 1992, 99). Es mangelt an Selbstkontrolle, Fähigkeit zu Aufschub, Frustrationstoleranz und Selbstdisziplin, obgleich Interesse für Ökologie und Umweltschutz im Unterricht bekundet wird.

Eine Beschäftigung mit der Faszination einer intakten Natur und einem attraktiven Lebensraum wirkt ohne Zweifel negativen Einflüssen entgegen.

Förderlich sind im Kontext einer zeitgemäßen Gesundheitsbildung die Aspekte der psychischen, mentalen und physischen Gesundheitserziehung. Damit erweist sich ökosoziale Erziehung von Lernenden her als Beitrag zur persönlichen Psychohygiene i.w.S.

Von der Erziehungswissenschaft und Ethik sind ökopädagogische Zielsetzungen gerechtfertigt, weil sie als erzieherische Intention präventiv als

Vermittlerfunktion von Mensch zu Natur und kurativ als Ideenbörse mit Handlungs- und Problemlösungsstrategien wirksam werden.

Ökosoziale Intentionen richten sich und erfordern Engagement, Wissen, Haltungen, soziale und individuelle Verantwortlichkeit. Sie sind ein Beitrag zu gesellschaftlichem Ausgleich, Lösungskompetenz, Wertebezug, Ambiguitätstoleranz und letztlich Mitmenschlichkeit.

8 Global Citizenship Education

Für die Politische Bildung und Interkulturalität von besonderem Interesse ist der Bildungsansatz, der die Zugehörigkeit und Verantwortung zur/ für eine menschliche Gemeinschaft in einer Weltgesellschaft betrifft (vgl. GROBBAUER 2016, 318-332).

8.1 Basis

Basis bilden eine weltoffene Grundhaltung, Begegnungen mit Menschen unterschiedlicher Herkunft, weiter kultureller Kulturaustausch und Bildung sozialer Netzwerke.

Zu bedenken sind Entwicklungen, die eine europäische Einheit in Frage stellen und das europäische Friedensobjekt.

8.2 Pädagogische Herausforderungen

Die pädagogische Herausforderung (Friedenspädagogik) global orientierter Bildungsansätze stellt sich (vgl. die entsprechenden IT - Autorenbeiträge; UNESCO 2014) im Konzept Globales Lernen, in der Politischen Bildung, in der ethischen Werthaltung, im Lernfeld Europa/ Friedensprojekt Europa, in der Analyse internationaler Konflikte bzw. Konfliktlösungen und transnationale Wanderungsbewegungen mit Folgerungen.

8.3 Internationale Entwicklungen

Internationale Entwicklungen finden Unterstützung durch die UNESCO (2014), mit der "Global Education First Initiative" von UN - Generalsekretär Ban Ki-Moon (2012) wurde der Bildungsansatz global verbreitet.

- Bekämpfung von Armut und Hunger,
- Verringerung von Ungleichheit,

* Geschlechtergleichstellung,

* Maßnahmen gegen den Klimawandel und

* Maßnahmen zu hochwertiger Bildung.

9 Friedensprojekt Europa

Das Projekt der Europäischen Union (EU) hat zu friedlichen Beziehungen und Aussöhnung nach zwei Weltkriegen beigetragen.

Ausgehend von wirtschaftlicher Zusammenarbeit entwickelten sich politische Integrationsprozesse und die EU versteht sich als Wertegemeinschaft für Demokratie, Menschenrechte und Frieden.

Auf globaler Ebene bedarf es einer ständigen Reformbereitschaft, Frieden vorzubereiten (Prävention) und aktiv umzusetzen in engerer Kooperation mit der OSZE und UN0 (Handlungsbereitschaft).

9.1 Vertrag von Lissabon

Artikel 3 des Vertrages von Lissabon (2009) benennt das Ziel der EU, den Frieden, ihre Werte und das Wohlergehen ihrer Völker zu fördern.

Die EU hat wenig Gestaltungskraft in der Prävention von Gewaltkonflikten in der Nachbarschaft bewiesen (vgl. den Bosnienkrieg, Kosovo und die Ukraine).

Mit der OEZS (Organisation für Sicherheit und Zusammenarbeit in Europa) hat sie in der Balkanregion in der Folge zur Friedenskonsolidierung, Nachsorge und zum Wiederaufbau beigetragen. Der Friedensnobelpreis verschaffte internationale Anerkennung.

In der Folge schuf die EU Instrumente zur Prävention, Diplomatie und Mediation in ihren Institutionen.

Offen bisher ist der Umgang mit Migranten und Flüchtlingen. Widersprüchlich sind die Bereitstellung großzügiger Finanzmittel zur Aufrüstung.

9.2 ERASMUS

Aus der Sicht Politischer Bildung sind die höheren Mittel für Austauschprogramme (ERASMUS) und Projekte erfreulich und sollten vermehrt in Anspruch genommen werden.

ERASMUS umfasst die bisherigen Programme in den einzelnen Bildungsbereichen.

1 Von Vorteil sind die Einbeziehung auch der neuen EU - Mitglieder. Mitunter fehlen gemeinsame Sprachkenntnisse, die Kommunikationsprobleme ergeben.

2 Die Einrichtung von Schwerpunkt - Programmen erleichtert ein Projektziel.

3 Vernetzungen fördern die Kontakte und den gegenseitigen Informationsstand.

4 Basis bildet eine politische, interkulturelle und ethische Kompetenz (vgl. die Bedeutung der Fächer/ Fächerverbund Politische Bildung, Interkulturalität und Ethik).

5 Gefordert ist die Schul- und Erwachsenenpädagogik.

9.3 Minderheitenpolitik

Eine beispielhafte Vorgangsweise (europäische Lösung mit Vorbildwirkung) im Umgang mit der slowenischen Minderheit in Österreich ergab sich 2019 mit der Ernennung einer österreichischen Staatbürgerin/ Politikerin slowenischer Minderheit (Angelika Mlinar) in Slowenien als Ministerin der Slowenischen Regierung (vgl. https://orf.at/stories/3148245 [30.12.2019]).

Die Doppelstaatsbürgerschaft war kein Problem. Aus der öffentlichen Reaktion ergab sich die Schlussfolgerung, dass politisch unkonventionelle politische Vorgangsweisen bei entsprechendem Willen in der EU durchaus möglich sind. Da in Europa in allen Staaten Minderheiten leben, wäre eine solche politisch vertrauensbildende Maßnahme durchaus nachahmenswert bzw. vorteilhaft.

10 Bertha von Suttner

Bertha Sophia Felicita Freifrau von Suttner geb. Gräfin Kinsky von Wohinitz und Tettau war eine österreichische Pazifistin, Friedensforscherin und Schriftstellerin. Sie wurde 1905 als erste Frau mit dem Friedensnobelpreis ausgezeichnet (vgl. HAMANN 2002).

1 Für die Historische Politische Bildung ist ihr publizierter Roman "Die Waffen nieder" (1889) von Interesse mit dem Schwerpunkt auf eine friedliche Gesellschaft, der großes Aufsehen erregte.

2 Sie beschrieb die Schrecken von Krieg aus der Sicht einer Ehefrau und machte sie zu einer bedeutenden Vertreterin der Friedensbewegung. Sie traf damit den Nerv der Gesellschaft.

3 Das Buch wurde ihr größter literarischer Erfolg und erschien in 37 Auflagen und 12 Sprachen.

4 Inhaltlich beteiligte sich Bertha von Suttner am damaligen pazifistischen Diskurs.

5 Frieden wurde als naturrechtlich verbürgter Normalzustand definiert, dem der Krieg als eine Folge menschlichen Irrwahns gegenüberstehe.

6 Das Recht auf Frieden werde in der Folge demnach völkerrechtlich einforderbar.

7 Sie bezieht sich auf eine dynamische Geschichtsauffassung der in das Soziale gewendete darwinschen Evolutionstheorie und geht von einer langsamen Höherentwicklung der Menschheit im Sinne der Selektion aus (Fortschrittsglaube).

8 In ihrem internationalen Engagement vertritt sie den Friedensgedanken bei Friedenskongressen in Europa und 1904 in der bereits entwickelten US-Friedensbewegung erfolgreich.

Der Höhepunkt des Engagements erfolgte mit der Verleihung des Friedensnobelpreises 1905 als erste Frau.

Das offizielle Österreich hält ihr Andenken mit dem Bild auf der 1000 Schilling - Banknote und der österreichischen 2-Euro-Münze hoch.

11 Persönliche Reflexion - Friedensbildung

Ziel eines Friedenslernen kann nur Friedensbildung sein. Die folgenden Ausführungen sind abschließend als persönliche Reflexion der Thematik zu verstehen, es geht um Grundsätze und Arbeitsbereiche.

Für den Autor sind der Ausgangspunkt die Bildungsbereiche und die wissenschaftlichen Teilbereiche der Politischen Bildung, Interkulturellen

Kompetenz und Lehrerbildung sowie Erwachsenenpädagogik von wesentlicher Bedeutung.

11.1 Verankerung im gesellschaftlichen Kontext

Friedensbildung bedeutet das gemeinsame Nachdenken über und das Lernen von Fähigkeiten, die ein Zusammenleben von Menschen und ihrer Umwelt in Frieden und Gewaltfreiheit fördern. Damit folgt man einer Logik, die zu einer "Kultur des Friedens" führt.

- Friedenspädagogik sucht pädagogische Antworten aus Gewaltbereitschaft und Friedlosigkeit in und zwischen den Gesellschaften und Staaten.

- Es geht um Vorstellungen, wie man friedlich leben kann und Identitäten von Personen, Gruppen und Gemeinschaften als Friedenstifter fördert.

- Die angesprochenen Bildungsbereiche betreffen Kinder, Heranwachsende und Erwachsene.

In der Präambel der UNESCO (Organisation für Bildung, Wissenschaft und Kultur der UNO) von 1945 findet sich der Bezug zur Friedensbildung > https://www.unesco.de/mediathek/dokumente/verfassung-der-organisation-fuer-bildung-wissenschaft-und-kultur [12.1.2020]).

Der nationale Rahmen für Friedensbildung in Österreich ist das Bekenntnis zu den Menschenrechten (Charta der UNO), zur Europäischen Union, dem Europarat, mit der Kodifizierung in der Bundesverfassung.

In den schulischen Lehrplänen, dem Curriculum der universitären Lehramtsausbildung für Didaktik der Politische Bildung sind die Grundsätze im Kontext einer Demokratieerziehung und Menschenrechtsbildung festgelegt.

Konkret gilt der "Beutelsbacher Konsens" mit dem Kontroversitätsgebot, Überwältigungsverbot und Aktualitätsgebot in der Schul- und Erwachsenenpädagogik.

11.2 Friedensbildung als Lernprozess

Friedensbildung setzt einen ständigen und bewusste Prozess voraus, der als Lernprozess gestaltet werden kann. Ein friedliches Zusammenleben ist erlernbar, gefordert sind alle Institutionen, die einen pädagogischen Auftrag in der Gesellschaft zu erfüllen haben.

Die drei Faktoren Friedenskompetenz, Friedensfähigkeit und Friedenshandeln begründen Friedensbildung.

- Friedenskompetenz - Aneignung von Sachwissen zur Entstehung, Entwicklung und den Konsequenzen von Konflikten, zur Gewalt und den Gefahren

- Friedensfähigkeit - Erlernen der soziale Fähigkeiten, nicht-verletzende Kommunikation, Teamfähigkeit, Fähigkeit zum Perspektivenwechsel

- Friedenshandeln - Handlungen für mehr Gerechtigkeit, Einhaltung der Menschenwürde und Menschenrechte, Stärkung der Demokratie und Mitbestimmung/Mitverantwortung, Einrichtung gerechter Strukturen

11.3 Arbeitsbereiche

Friedensbildung lebt von der Zusammenarbeit mit den verantwortlichen Akteuren wie

- Lehrerbildung,

- Universität,

- Landesverteidigungsakademie,

- Jugendverbände und

- Erwachsenenbildung.

Vorschläge zur Umsetzung:

Seminartätigkeit - 4 Elemente:

Wissen, Methodenkompetenz - eigene Friedensfähigkeit/ Übungen - Entwicklung einer Vision von Frieden - Gerechtigkeit

1 Projektarbeit - Fallanalyse - Gruppenarbeit - Archivarbeit - (Aspekt-) Erkundungen

2 Wanderungsbewegungen

3 Wertewandel

4 Kolonialismus - Dekolonisation

5 Rassismuskritik

6 Friedenskonzepte

7 Gleichberechtigung

8 Erkunden von Erinnerungsorten

9 Zeitzeugengespräche

10 Museumsarbeit

11 Medienarbeit - Mitarbeit in Friedensdekaden

11.4 Herausforderungen an eine Politische Bildung

Nicht nur weltpolitische Konflikte bedrohen den Frieden.

Neue technologische Entwicklungen

Neue technologische Entwicklungen in neuen Waffensystemen, Formen der Kriegsführung und damit entstehenden Rüstungswettläufen ergeben Phänomene einer Friedensbedrohung (vgl. MÜNKLER 2014).

Zu beachten sind die zunehmende Automatisierung und Autonomisierung unbenannter Waffensysteme, die Digitalisierung der Kriegsführung und neue taktische Nuklearwaffen. Damit entstehen zentrale Herausforderungen und eine ethische Reflexion.

Es sind die folgenden Aspekte anzuführen.

1 Die aktuellen technologischen Entwicklungen bedürfen einer völkerrechtlichen Ächtung und damit einer Aufwertung internationaler Organisationen und Vereinbarungen.

2 Die Dialogfähigkeit gehört damit als Basiskompetenz gepflegt und ausgebaut.

3 Es bedarf einer Stärkung der Defensive im digitalen Bereich durch einen Aufbau resilienter IT - Infrastrukturen (vgl. das Schlagwort "Rüsten ohne Aufzurüsten").

4 Politische Bildung kommt damit eine zunehmende Bedeutung in der Schul- und Erwachsenenpädagogik sowie Wehrpädagogik - tertiärer und quartärer Bildungsbereich - zu.

Weltweite Friedenstiftung

Weltweite Friedensstiftung ergibt sich im Bestreben einer Gleichberechtigung, verstanden als Beitrag zur fachlichen und sozialen Kompetenz von Frauen und Männern.

1 Der "Weltfrauentag" sollte als solcher verstanden werden.

2 Im Mittelpunkt stehen nicht nur die Problembereiche Politik, auch die Wirtschaft mit einem geteilten Arbeitsmarkt und einer Ungleichgewichtung, die zunehmende Gewalt an Frauen und offene und subtile Diskriminierung.

3 Das Beispiel der "Kopftuchdebatte" weist auf den notwendigen Diskurs in einer trans- bzw. interkulturellen Gesellschaft, Nachbardisziplin der Politischen Bildung sind gefordert (vgl. den IT - Autorenbeitrag http://www.netzwerkgegengewalt.org < Index Weltfrauentag, Pkt. 2) .

4 Friedenslernen ist mehr als nur ein Projekt, es ist ein weites Bemühen um Gerechtigkeit geworden.

12 Diskurs - Friedensrelevante Lernziele

Frieden ist ein Zustand, der durch gesellschaftliches Handeln herzustellen und zu erhalten ist. In einem Erziehungsprozess ist die Fähigkeit zum Handeln ggf. erreichbar.

Die Friedensforschung hat analytische Ansätze wie beispielsweise "strukturelle Gewalt", "organisierte Friedlosigkeit", "Vorurteilsdynamik" und "Aggressivität" entwickelt.

12.1 Problematik Curriculum Friedenserziehung

Ein Curriculum Friedenserziehung sollte nicht als Lernzielkatalog als Stoffkatalog, vielmehr als Lernzielzusammenhang strukturiert werden (vgl. NICKLAS - OSTERMANN 1972, 228).

1 Anknüpfung an konkrete Bedürfnisse und Interessen der Lernenden > didaktischer Aspekt

2 Ableitung aus Erkenntnisinteressen einer kritischen Theorie der Friedensforschung > wissenschaftlicher Aspekt

3 Angabe des Ortes der Gleichberechtigung > emanzipatorischer Aspekt

Das Dilemma des Curriculums einer Friedenserziehung ist neben der Anregung zu Lernprozessen, aber auch die Benennung von Lernzielen.

Die folgenden Lernzielzusammenhänge sind kein Ergebnis einer in Lehre erfolgten Erprobung, vielmehr deuten sie die Richtung einer Entwicklung von Lernzielen an, die im Kontext kritischer Friedensforschung stehen.

12.2 Lernzielzusammenhänge

1 *Gesellschaft*

Möglichkeiten einer Demokratisierung und Gleichberechtigung, Ablauf gesellschaftlicher Prozesse, eigenes Denken und Handeln/ Sozialisation, eigenes und solidarisches Handeln, Konformitätsdruck und Positionsrolle

2 *Interessen*

Fähigkeit des Erkennens und Artikulierens eigener Interessen, partikulare und allgemeine Interessen/ Friedensdimension, Organisation und Durchsetzung

3 *Gleichberechtigung*

Fähigkeit einer Abstimmung der Beziehung von eigener und gesellschaftlicher Gleichberechtigung, Erlernen der Erreichung des Ziels mit humanen Mitteln, Fähigkeit des Erkennens von Folgen einer gesellschaftlichen Entfremdung

4 *Strukturelle Gewalt*

Erkennen der Begünstigung bzw. Benachteiligung von gesellschaftlichen Gruppierungen, Chancen und Nachteile der Positionen, Ideologien und systemische Abläufe, Gewaltstrukturen von hoheitlicher, struktureller und direkter personaler Gewalt mit Folgen, Fähigkeit eines Vergleichs der Möglichkeit einer Selbstverwirklichung und vorgegeben Entwicklungen

5 *Konflikte*

Lernen des Erkennens der Ursachen gesellschaftlicher Konflikte, Interessenspositionen mit Konfliktpotential/ Rechtfertigung - Verschleierung, Analyse von Lösungsmöglichkeiten

6 *Aggression*

Erkenntnis der Produktion von Aggression, Artikulationsformen mit gesellschaftlicher Prämierung bzw. Sanktionen, Minderheiten und Randgruppen sowie gesellschaftliche Stabilität

7 *Vorurteile*

Erkennen eigener Vorurteile und kritische Reflexion, gesellschaftliche Ursachen, Vorurteile als Deformierung der Realität und Wahrnehmung - "selffulfilling prophecy"

8 *Internationales System -Krieg*

Abbau von ethnozentrischen und nationalistischen Loyalitäten und Entwicklung problembezogener, Erkenntnis historischer Zusammenhänge, Veränderbarkeit und Gestaltbarkeit, Widersprüche im internationalen System/ asymetrische Verteilung ökonomischer, ökologischer und sozialer Lebenschancen, Analyse systembedingter Konfliktpotentiale und offener Konflikte, Einsatz von Mitteln in Kriegen und folgenreiche Konsequenzen für Menschen

Quelle: modifiziert nach NICKLAS - OSTERMANN 1973, 230-233

13 Friedensbemühungen - Friedensgutachten

2023 veröffentlichten vier deutsche wissenschaftliche Institutionen BICC, HSFK, IFSH und INEF "Friedensgutachten" , die im Folgenden verkürzt in ihren Kernaussagen zusammengefasst werden (vgl. FRIEDENSGUTACHTEN 2023, 5-11).

Im zweiten Jahr des Ukraine - Konflikts zeigen sich immer stärker globale Verwerfungen. Der Krieg beeinflusst die Funktionsfähigkeit internationaler Organisationen und notwendigen Kooperation in Politikfeldern wie der Handelspolitik und dem Klimaschutz. Innerstaatlich kommt es zu

Polarisierungen und Verschwörungstheorien mit negativen Folgen für die Demokratie. Viele Bemühungen um Frieden bringen keinen Frieden.

Kriege und Konflikte haben nicht nur Europa, auch viele Weltregionen bestimmt. Der Ukraine - Konflikt ist ein regionaler Konflikt, die Folgen sind weltweit zu spüren (vgl. Kerninflation, mit Preiserhöhungen für Energie und Lebensmitteln; Fluchtbewegungen; Konflikte im Indopazifik). Andauernde Konflikte gibt es mit hoher Gewaltbereitschaft in Afrika.

Dies Ausgangslage lässt noch lange keinen Frieden erkennen. Die empirische Forschung zeigt an, dass nur 20 Prozent aller zwischenstaatlichen Kriege mit einer militärischen Niederlage enden, weitere 30 Prozent haben kein klares Ergebnis (vgl. Ressourcenverbrauch).

13.1 Zunahme von Gewaltkonflikten

Die Konfliktherde dürfen nicht vergessen werden wie die Bürgerkriege im Mittleren Osten, im Sahel und am Horn von Afrika. Die Kriege und Konflikte in Äthiopien, Somalia und dem Jemen verzeichnen eine Erhöhung der Zahl der Todesopfer um 46 Prozent gegenüber dem Vorjahr.

Alte und neue Konflikte sowie die rasche Aufrüstung rücken die Aussicht auf Frieden auch 2023 in weite Ferne. Das Beispiel Sudan zeigt, wie schnell ein Konflikt gewaltsam eskalieren kann. Kaum ein Konflikt findet ohne nichtstaatliche bewaffnete Gruppen statt (vgl. lokale Milizen, Privatarmeen).

13.2 Dilemmata feministischer Außen- und Entwicklungspolitik

Feministische Außenpolitik nimmt die politischen Konsequenzen für unterschiedliche Gruppen, nicht nur für Frauen und andere strukturell marginalisierte Teile der Gesellschaft, in den Blick.

Ziel sind gleiche Rechte und gesellschaftliche Teilhabe sowie gleicher Zugang zu Ressourcen.

Die vergangenen Jahre zeigen die gesellschaftliche Ausgrenzungen und das Fehlen politischer Antworten - man denke an den Iran mit Demonstrationen/ Tod Mahsa Amini 2022 mit Demonstrationen von vielen Frauen und Männern - aus Rücksicht auf Öltransporte und Nuklearverhandlungen. Ebenso denke man an das Schul-, Bildungs- und Arbeitsverbot für Frauen in Afghanistan und das Dilemma für eine humanitäre Hilfe und Nothilfe.

13.3 Humanitäre Hilfe und Entwicklungszusammenarbeit

2021 und 2022 beeinflussen drei Krisen die Weltlage, "3Cs" Climate, Covid und Conflict bezeichnen den Klimawandel, Covid-19 - Pandemie und Ukrainekonflikt.

- Extremwetterereignisse, Dürren mit Knappheit von Lebensmitteln Überschwemmungen

- Pandemie mit Folgen im Gesundheitssystem, Alltag und Bildungs- und Arbeitssystem

- Ukrainekonflikt mit Sorgen für die Bevölkerung, Fluchtbewegungen, weltweite Lebensmittelversorgung, Aufrüstung und Friedenssicherung

13.4 Stärkung von Rüstungskontrolle

Es wird eine Umstellung der Rüstungskontrollpolitik notwendig sein. Schwierig werden Abrüstungsschritte und Rüstungsbegrenzungen werden. Diplomatische Kommunikationsstrukturen sind aufrecht zu erhalten.

Ziel muss sein, die Krisenstabilität zu erhöhen. Das Risiko von Fehlwahrnehmungen zu verkleinern und militärische Eskalation zu verhindern. Konzepte der Transparenz und Überprüfbarkeit von Truppenbewegungen sowie Maßnahmen von Vertrauensbildung sollten für die Zeit nach dem Ukrainekonflikt wieder angeknüpft werden. Eröffnet werden sollte auch die Möglichkeit, Staaten in Rüstungskontrollgespräche einzubeziehen, die bisher nicht beteiligt waren.

13.5 Politische Entflechtungen

Angesprochen sind wirtschaftliche Verflechtungen im Handel, mit Abhängigkeiten Europas (vgl. Winter 2022 Gasversorgung).

Politische Entflechtungen sind daher überlegt und zurückhaltend in Abstimmung mit EU - Partnern vorgenommen werden (vgl. aktuell China).

13.6 Entschärfung gesellschaftlicher Polarisierung

Gesellschaftlicher Frieden und Konfliktaustragung sind in Demokratien voraussetzungsvoll. Die Folgen aktueller Krisen erhöhen das Risiko politischer Polarisierung und gesellschaftlicher Spaltung. Gewaltfreie

Proteste sind Bestandteil einer Demokratie (vgl. öffentliche Diffamierung ist keine Antwort auf Proteste).

Gestärkt gehört die Resilienz demokratischer Gesellschaften mit Beratungs- und Bildungsprogrammen. Neue Beteiligungsformen können eine Ergänzung von politischen Entscheidungsprozessen sein. Politische Antworten benötigen die Reflexion auf soziale Kosten und eine gesellschaftliche Betroffenheit.

13.7 Schlussfolgerungen

Die Welt ist aktuell weit vom Frieden entfernt. Der Ukrainekonflikt blockiert Kooperationen im Rahmen internationaler Vereinbarungen und fördert neue Lagerbildungen.

Eine auf Frieden gerichtete internationale Politik hat sich an Normen und Werten zu orientieren und an dem, was möglich ist. Die Dilemmata entstehen und sollen transparent kommuniziert werden, damit Politik glaubwürdig bleibt.

Literaturverzeichnis Friedenspädagogik

Angeführt sind jene Titel, die für den Beitrag verwendet und/oder direkt zitiert werden.

Aichholzer J. - Friesl Chr. - Hajdinjak S. - Kritzinger S. (Hrsg.) (2109): Quo Vadis Österreich?, Wertewandel zwischen 1990 und 2018, Wien

Anders G: (2003): Die atomare Drohung. Radikale Überlegungen, München

Baberowski J.(2018): Räume der Gewalt. Bundeszentrale für politische Bildung, Schriftenreihe Bd. 1570, Bonn

Bohnacker Th. (2011): Forschung für oder Forschung über den Frieden? Zum Selbstverständnis der Friedens- und Konfliktforschung, in: Schlotter P. - Wisotzki S. (Hrsg.): Friedens- und Konfliktforschung, Baden - Baden, 46-77

Brand U. - Brunnengräber A. - Schrader L. - Stock Chr. - Wahl P. (Hrsg.) (2000): Global Gouvernance. Alternative zur neoliberalen Globalisierung, Münster

Bubolz G. (1985): Umwelterziehung im Pädagogikunterricht, Frankfurt/ M.

Carson R. (1963/2013): Der stumme Frühling, München

Dichatschek G. (2017a): Didaktik der Politischen Bildung. Theorie, Praxis und Handlungsfelder der Fachdidaktik der Politischen Bildung, Saarbrücken

Dichatschek G.(2017b): Interkulturalität. Ein Beitrag zur Theorie, Bildung und Handlungsfeldern im Kontext von Interkultureller Öffnung und Politischer Bildung, Saarbrücken

Dichatschek G.(2017c): Erwachsenen - Weiterbildung. Ein Beitrag zu Theorie und Praxis von Fort- bzw. Weiterbildung, Saarbrücken

Dichatschek G. (2019a): Lehre an der Hochschule. Ein Beitrag zu Dimensionen der Lehre, Lehrer (innen) bildung, Fort- bzw. Weiterbildung Lehrender und Hochschuldidaktik, Saarbrücken

Dichatschek G. (2019b): Medienarbeit. Aspekte zur Weiterbildung im Kontext der Politischen Bildung/ Medienpädagogik -Medienbildung, Saarbrücken

Dietrich W. (2019): Gerechtigkeit und Frieden. Eine biblische Grundlegung, Friede, in: Auf dem Weg zu einer Kirche der Gerechtigkeit und des Friedens, Ein Friedenstheologisches Lesebuch, Leipzig, 43- 52

Dosch K. - U. (2014): Friedensbildung als pädagogisches Konzept, Bund für Soziale Verteidigung: Hintergrund- und Diskussionspapier Nr. 37/ September 2014

Exo M. (2015): Indigene Methoden als Stachel für die Friedens-und Konfliktforschung. Über Rechenschaftspflicht und das Erlernen dekolonisierender Praxis, in: Bös M. - Schmitt L. - Zimmer K. (Hrsg.): Konflikte vermitteln? Lehren und Lernen in der Friedens- und Konfliktforschung, Wiesbaden, 281-304

Friedensgutachten 2013: Bonn International Centre for Conflict Studies - Leibnitz - Institut Hessische Stiftung Friedens- und Konfliktforschung - Institut für Friedensforschung und Sicherheitspolitik an der Universität Hamburg - Institut für Entwicklung und Frieden, Universität Duisburg - Essen, Bielefeld

Frieters - Reermann N./ Lang - Wojtasik Gr. (Hrsg.) (2015): Friedenspädagogik und Gewaltfreiheit. Denkanstöße für eine differenzsensible Kommunikations- und Konfliktkultur, Opladen-Berlin-Toronto

Galtung J. (1971): Gewalt, Frieden und Friedensforschung, in: Senghaas D. (Hrsg.): Kritische Friedensforschung, Frankfurt/M., 55-104

Galtung J. (1975): Strukturelle Gewalt. Beiträge zur Friedens- und Konfliktforschung, Reinbek

Gill St. (2011): Progressives politisches Handeln und die globale organische Krise, in: Opratko B. - Prausmüller O. (Hrsg.): Gramsci global. Neo - gramscianische Perspektiven in der Internationalen Politischen Ökonomie, Hamburg, 265-285

Grasse R.-Gruber B. - Gugel G. (Hrsg.) (2008): Friedenspädagogik. Grundlagen, Praxisansätze, Perspektiven, Reinbek bei Hamburg

Gießmann H.- J. - Rinke B. (Hrsg.) (2011): Handbuch Frieden, Wiesbaden

Graf W.(2014): Interaktive Konflikttransformation. Inoffizielle Diplomatie und zivilgesellschaftliche Intervention in "ethnopolitischen" Konflikten, in: Dressel

G. (Hrsg.): Interdisziplinär und transdisziplinär forschen. Praktiken und Methoden, Bielefeld, 231-238

Grobbauer H. (2016): Global Citizenship Education, in: Wintersteiner W. - Wolf L. (Hrsg.): Jahrbuch Friedenskultur, Bd. 10/2015, Friedensforschung in Österreich. Bilanz und Perspektiven, Klagenfurt, 318-332

Gruber B. (2016): Friedenslernen - integraler Bestandteil der (Friedens-) Forschung? Herausforderungen und Perspektiven, in: Wintersteiner W. - Wolf L.(Hrsg.)(2016): Jahrbuch Friedenskultur, Bd. 10/2015, Friedensforschung in Österreich. Bilanz und Perspektiven, Klagenfurt, 54-77

Gruber B. - Wintersteiner W. - Duller G. (Hrsg.) (2009): Friedenserziehung als Gewaltprävention. Regionale und internationale Erfahrungen, Klagenfurt

Gruber B./ Gamauf - Eberhardt U./ Dorfstätter P. (2014): Angewandte Friedens- und Demokratieerziehung - Einschätzung und Perspektiven, Klagenfurt - Schlaining - Wien

Gugel G. (2011): Friedenserziehung, in: Gießmann H.J. - Rinke B. (Hrsg.): Handbuch Frieden, Wiesbaden, 150-15

Gugel G. - Jäger U. (1995): Gewalt muss nicht sein. Eine Einführung in friedenspädagogisches Denken und Handeln, Tübingen

Hamann Br. (2002): Bertha von Suttner - Ein Leben für Frieden, München

Huber W. - Reuter H.R. (1990): Friedensethik, Stuttgart

Hufer Kl.- P. (2016): Politische Erwachsenenbildung. Plädoyer für eine vernachlässigte Disziplin, Bundeszentrale für politische Bildung, Schriftenreihe Bd. 1787, Bonn

Jansen H. - Triebel W. (2000): Gebt dem Frieden im 21. Jahrhundert neue Chancen: Lehren und Erfahrungen der Friedensbewegung im 20. Jahrhundert. Historisches, Politisches, Aktuelles über Pazifismus und Anforderungen an die Friedensbewegung im 21. Jahrhundert, Berlin

Jäger U. (2014): Friedenspädagogik und Konflikttransformation > https://berghof-foundation.org/library/friedenspÃ¤dagogik-und-konflikttransformation (9.11.2024)

Kirchenamt der EKD (Hrsg.) (2019): Auf dem Weg zu einer Kirche der Gerechtigkeit und des Friedens. Ein friedenstheologisches Lesebuch, Leipzig

Körtner U. (2019): Evangelische Sozialethik. Grundlagen und Themenfelder, Göttingen

Leitner H. (2007/2016): Einführung und Perspektiven auf den Spuren von Christoph Alexander, Graz

Meisch S. (2014): Bildung für Nahhaltige Entwicklung. Das Konzept und seine Potenziale für traditionelle Volluniversitäten, Tübinger Beiträge zur Hochschuldidaktik, Band 10/1, Tübingen 2014

Morin E. (2015): Penser global. L'humain et son univers, Paris

Münkler H. (2004): Die neuen Kriege, Reinbek

Münkler H. (2015): Kriegssplitter, Berlin

Nicklas H. - Ostermann A. (1973): Überlegungen zur Ableitung friedensrelevanter Lernziele aus dem Stand der kritischen Friedensforschung, in: Zeitschrift für Pädagogik 2/73, 225-233

Nolz B. - Popp W. (Hrsg.) (1999): Miteinander leben, voneinander lernen: Perspektiven für die Entwicklung einer Kultur des Friedens in Europa, Berlin - Münster - London - Wien - Zürich

Schneckener U. (2005): Frieden Machen: Peacebuilding und peacebuilder und Politik, in: Die Friedenswarte 80, Berlin, 1-2, 17-39

Sen A. (2010): Die Idee der Gerechtigkeit, München

Senghaas D. (1971): Kritische Friedensforschung, Frankfurt/ M.

Senghaas D. (Hrsg.) (1995): Den Frieden denken, Frankfurt/ M.

UNESCO (2014): Global Citizenship Education. Preparing leraners für the challenges of the twenty - first century, Paris

Wagerer Cl. (1992): Ökosoziale Erziehung. Voraussetzungen zur Vermittlung ökosozialer Handlungskompetenz auf der Sekundarstufe 2, Europäische Hochschulschriften, Reihe XI Pädagogik, Bd. 512, Frankfurt/ M.- Berlin - Bern - New York - Paris - Wien

Wasmuth U.- C. (Hrsg.) (1991): Friedensforschung. Eine Handlungsorientierung zwischen Politik und Wissenschaft, Darmstadt

Werkner I. - J. Ebeling K. (Hrsg.) (2016): Handbuch Friedensethik, Wiesbaden

Wintersteiner W. (2005): Friedenskompetenz als universitäre Aufgabe. Probleme und Perspektiven, in: Palencsar Fr.-Tischler K. - Wintersteiner W. (Hrsg.): Wissen schafft Frieden. Friedenspädagogik in der Lehrer_innenfortbildung, Klagenfurt, 279-308

Wintersteiner W. (2008): Friedenspädagogik für das 21. Jahrhundert, in: Grasse R. - Gruber B. - Gugel G. (Hrsg.): Friedenspädagogik. Grundlagen, Praxisansätze, Perspektiven, Reinbek bei Hamburg, 253-275

Wintersteiner W. (2011): Von der internationalen Verständigung zur Erziehung für eine Kultur des Friedens seit 1945, in: Schlotter P. - Wisotzki S. (Hrsg.): Friedens- und Konfliktforschung, Baden - Baden, 345-381

Wintersteiner W./ Grobbauer H./ Diendorfer G./ Reitmair - Juarez S. (2014): Global Citizenship Education. Politische Bildung für die Weltgesellschaft - Österreichische UNESCO - Kommission, Wien

Wintersteiner W. - Wolf L. (2016): Jahrbuch Friedenskultur 2015, Klagenfurt

Wulf Chr. (2008): Friedenskultur und Friedenserziehung in Zeiten der Globalisierung, in: Grasse R. - Gruber B. - Gugel G. (Hrsg.): Friedenspädagogik. Grundlagen, Praxisansätze, Perspektiven, Reinbek bei Hamburg, 35-61

Zeitschrift für Pädagogik 2/1973 "Thema Friedenserziehung", Weinheim

Dokumentation

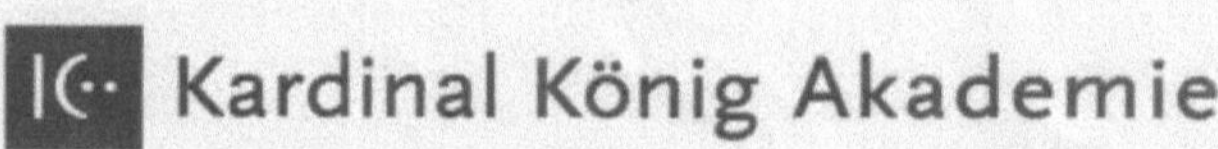

Kardinal König Akademie

Zertifikat

Dr. Günther Dichatschek

hat vom 21. September 2006 bis 22. September 2007 am

Lehrgang Ökumene

im Kardinal König Haus teilgenommen und mit Erfolg abgeschlossen.

Lehrgangsinhalte

Theologie und Motivation der Ökumene
Östliche Kirchenfamilien
Westliche Kirchenfamilien
Systematisch vergleichende Darstellung
Perspektiven der Ökumene

Leitungsteam und Referierende

Christof Blankenstein | Michael Bubik | Michael Bünker | Patrick Curran
Ewald Eichler | Edmond Farhat | Mar Gabriel | Christine Hubka | Mesrob Krikorian
Vladimir Fedorov | Dietrisch Fischer-Dörl | Bert Basilius Groen | Susanne Heine
Jutta Henner | Wassilios Klein | Helmut Krätzl | Rüdiger Lohlker | Anke Neuenfeldt
Georg Nuhsbaumer | Lothar Pöll | Richard Potz | Brigitte Proksch | Joachim Sander
Alfred Schweiger | Kersten Storch | Eva Synek | Dietmar Winkler | Martha Zechmeister

Wien, den 21. September 2007

Mag. Georg Nuhsbaumer   Dr. Christine Hubka   Dr. Brigitte Proksch

Leitungsteam

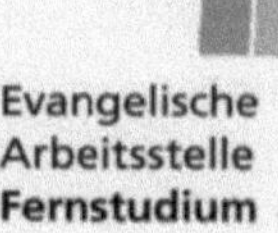

Zertifikat

für

**Herrn
Dr. Günther Dichatschek MSc**

über den erfolgreichen Abschluss des Fernkurses

Nachhaltige Entwicklung

der Evangelischen Arbeitsstelle Fernstudium im Comenius-Institut e.V.

Münster, 17. August 2020

Frau Dr. Ada Gertrud Wolf
Leiterin der
Evangelischen Arbeitsstelle Fernstudium
im Comenius-Institut e.V.

Zum Autor

APS - Lehramt (VS - HS - PL 1970, 1975, 1976), zertifizierter Schülerberater (1975) und Schulentwicklungsberater (1999), Mitglied der Lehramtsprüfungskommission für die APS beim Landesschulrat für Tirol (1993-2002).

Absolvent Höhere Bundeslehranstalt für alpenländische Landwirtschaft Ursprung - Klessheim/ Reifeprüfung, Maturantenlehrgang der Lehrerbildungsanstalt Innsbruck/ Reifeprüfung - Studium Erziehungswissenschaft/ Universität Innsbruck/ Doktorat (1985), 1. Lehrgang Ökumene - Kardinal König Akademie/ Wien/ Zertifizierung (2006); 10. Universitätslehrgang Politische Bildung/ Universität Salzburg - Klagenfurt/ MSc (2008), Weiterbildungsakademie Österreich/ Wien/ Diplome (2010), 6. Universitätslehrgang Interkulturelle Kompetenz/ Universität Salzburg/ Diplom (2012), 4. Interner Lehrgang Hochschuldidaktik/ Universität Salzburg/ Zertifizierung (2016) - Fernstudium Grundkurs Erwachsenenbildung/ Evangelische Arbeitsstelle Fernstudium, Comenius - Institut Münster/ Zertifizierung (2018), Fernstudium Nachhaltige Entwicklung/ Evangelische Arbeitsstelle Fernstudium, Comenius - Institut Münster/ Zertifizierung (2020).

Lehrbeauftragter Institut für Erziehungs- bzw. Bildungswissenschaft/ Universität Wien/ Berufspädagogik - Vorberufliche Bildung VO - SE (1990-2011), Fachbereich Geschichte/ Universität Salzburg/ Lehramt Geschichte - Sozialkunde - Politische Bildung - SE Didaktik der Politischen Bildung (2026-2017).

Mitglied der Bildungskommission der Evangelischen Kirche Österreich (2000-2011), stv. Leiter des Evangelischen Bildungswerks Tirol (2004 - 2009, 2017 – 2019).

Kursleiter der VHSn Salzburg Zell/ See, Saalfelden und Stadt Salzburg/ "Freude an Bildung" - Politische Bildung (2012 – 2019).

✉ mailto:dichatschek@kitz.net

Printed by Books on Demand GmbH, Norderstedt / Germany